Mittelpunkt

Redemittelsammlung

Ernst Klett Sprachen
Stuttgart

Mittelpunkt B2 / C1 Redemittelsammlung

1. Auflage   1 ^{5} | 2014

Alle Drucke dieser Auflage können nebeneinander benutzt werden, sie sind untereinander unverändert. Die letzte Zahl bezeichnet das Jahr des Druckes.

Internet: www.klett.de, www.klett.de/mittelpunkt

Redaktion: Angela Fitz, Eva Neustadt
Layout und Satz: Jasmina Car, Barcelona
Illustrationen: Jani Spennhoff, Barcelona
Herstellung: Claudia Stumpfe
Druck: GraphyCems • Printed in Spain

ISBN: 978-3-12-676615-9

Arbeiten mit der Redemittelsammlung **Mittelpunkt B2 / C1**

Die Redemittelsammlung fasst die relevanten Redemittel aus den Lehr- und Arbeitsbüchern **Mittelpunkt B2** und **Mittelpunkt C1** übersichtlich zusammen.

Die Redemittel sind nach ihrem Vorkommen in **Mittelpunkt B2** und **Mittelpunkt C1** sowie nach verschiedenen Rede- und Schreibanlässen sortiert. Dadurch sind die Redemittel für Sie leichter auffindbar.

Da sich die Lernziele und die passenden Redemittel in Mittelpunkt konsequent aus den Kannbeschreibungen des Gemeinsamen europäischen Referenzrahmens ableiten, können Sie die Redemittelsammlung auch unabhängig von Mittelpunkt benutzen. Insgesamt hilft die Redemittelsammlung Ihnen nicht nur im Unterricht, sondern auch als Nachschlagewerk in der Praxis, wenn Sie zum Beispiel während Ihrer Ausbildung, an der Universität oder an Ihrem Arbeitsplatz Projekte präsentieren, an Diskussionen teilnehmen möchten oder eine Zusammenfassung schreiben wollen.

Wer sich beispielsweise entsprechend der Kannbeschreibung „in Diskussionen den eigenen Standpunkt darstellen und begründen" äußern möchte, findet die passenden Redemittel unter dem Punkt „Diskutieren". Die geeigneten Redemittel, um „Argumente aus verschiedenen Quellen in einem Text aufzugreifen und gegeneinander abzuwägen" sind unter dem Punkt „Erörterung" aufgeführt.

Auf Redemittel, die in verschiedenen Situationen nützlich sind, wird jeweils verwiesen, z. B.:

→ 1 Meinungen und Vermutungen äußern

Die Redemittel für die einzelnen Situationen werden alphabetisch aufgeführt; in seltenen Fällen wird diese Reihenfolge zugunsten einer chronologischen aufgegeben. In einigen Fällen wurden die Redemittel verallgemeinert oder um wichtige Erweiterungen ergänzt: So wurde z. B. bei dem Redemittel „… hat große Bedeutung" „… verliert an Bedeutung" hinzugefügt. Darüber hinaus können Sie die Redemittelsammlung nach Bedarf durch eigene Beispiele erweitern.

Ihr **Mittelpunkt-Team** wünscht Ihnen anregende Diskussionen, überzeugende Präsentationen und prägnante Erörterungen!

Inhalt

Redemittel – Mittelpunkt B2

Inhalt

Redemittel – Mittelpunkt C1

1 Meinungen und Vermutungen äußern

1.1 Meinung und Einstellung ausdrücken

Ich bin der Meinung / Ansicht / Auffassung, dass …
Ich bin überzeugt, dass …
Ich denke / finde, dass …
Ich glaube / meine, dass …
Ich habe den Eindruck, dass …
Ich hätte nicht gedacht / erwartet, dass …
Meiner Ansicht / Meinung nach …
Mein erster Eindruck ist …

_____

_____

_____

_____

1.2 Vermutungen äußern

Bestimmt / Sicher hat er / sie / es …
Er / Sie / Es könnte vielleicht / möglicherweise / eventuell / …
Er / Sie / Es möchte zeigen / zum Ausdruck bringen, dass …
Er / Sie / Es steht möglicherweise / vermutlich / wahrscheinlich /
  wohl für …
Er / Sie / Es wird wohl …
Es ist denkbar / könnte sein / scheint / sieht danach aus, dass …
Es ist (gut) möglich / unmöglich, …
Es kann gut sein, dass …
Ich könnte mir vorstellen / nehme an, dass …
Ich vermute / würde sagen, dass …

_____

_____

_____

_____

2 Rede strukturieren und Verständigung sichern

2.1 Unterbrechen bzw. Zwischenfragen stellen

Augenblick, du sagtest / Sie sagten gerade, dass …
Darf ich bitte kurz nachfragen?
Darf ich fragen, ob / wann / wer / wie / …
Da muss ich kurz einhaken: …
Da würde ich gern kurz einhaken: …
Eine (kurze) Frage bitte: …?
Entschuldige / Entschuldigen Sie, wenn ich dich /
    Sie unterbreche / kurz dazwischenfrage.
Entschuldige / Entschuldigen Sie bitte die Unterbrechung, aber …
Entschuldigung, darf ich dich / Sie kurz unterbrechen?
Entschuldigung, ich möchte dazu gern etwas sagen.
Ich würde dazu gern noch etwas ergänzen / sagen.
Könnte ich (direkt) dazu eine Frage stellen: …?
Tut mir leid, wenn ich dich / Sie unterbreche: …
Würdest du / Würden Sie das bitte (etwas) näher erläutern?

_____

_____

_____

_____

2.2 Nachfragen bzw. die Argumente des Gegenübers wiedergeben

Also, du hast / Sie haben gesagt, dass …
Bei mir ist angekommen, dass …
Du findest / Sie finden also gut / unmöglich / …, dass …
Du magst / Sie mögen es wohl lieber, wenn …
Du meinst / Sie meinen also, dass …
Du sagtest / Sie sagten (vorhin): … Würdest du / Würden Sie das
    bitte erläutern?
Du willst / Sie wollen, dass … Ist das korrekt?
Entschuldigung, ich habe das / dich / Sie nicht ganz verstanden.

Habe ich dich / Sie richtig verstanden, du meinst / Sie meinen, dass …

Ich bin nicht sicher, ob ich dich / Sie richtig verstanden habe. Meinst du / Meinen Sie, dass …?

Ich verstehe das nicht ganz, ist es denn so wichtig, ob …?

Könntest du / Könnten Sie das bitte noch einmal erläutern / erklären?

Was verstehst du / verstehen Sie (genau) unter …?

Wenn ich dich / Sie richtig verstanden habe, meinst du / meinen Sie, dass … Stimmt das (so)?

_____

_____

_____

_____

2.3 Überleiten

Darf ich noch einmal auf den Punkt … zurückkommen?

Darf ich zunächst mal …

Dies führt zu der Frage …

Dürfte ich den Gedanken / den Punkt … noch einmal aufgreifen?

Ich möchte gern noch einmal auf das zurückkommen, was du / Sie eingangs / gerade / vorhin / zu Beginn … gesagt hast / haben.

Ich möchte nun zum Punkt … überleiten.

Ich würde gern auf einen Punkt eingehen, der mir besonders wichtig ist: …

Ich würde (jetzt) gern noch einen anderen Punkt ansprechen / zum nächsten Punkt kommen.

Kommen wir (noch mal zurück) zur Frage, …

_____

_____

_____

_____

2.4 Formulierungsprobleme überwinden

Also, da muss ich kurz überlegen.
Also, ich meine …
Ich wollte sagen, dass …
Moment, ich fange noch mal an …
Sekunde, das muss ich noch mal anders formulieren. Was ich
 eigentlich sagen wollte: …
Wie hieß doch gleich …?
Wie hing das doch gleich zusammen?
Wie sagt man …?
Wie war das noch?

_____

_____

_____

_____

2.5 Hervorheben

Besonders bemerkenswert / interessant / spannend / neu / … ist für
 mich / finde ich …
Das wäre wirklich wichtig!
Dazu würde ich gern noch ergänzen: …
Der Punkt ist für mich, dass …
Ein besonderes Merkmal ist: …
Entscheidend für mich ist, dass …
Ich denke, da müssen wir Folgendes unterscheiden: …
Ich finde Folgendes wichtig / ganz entscheidend: …
Ich möchte unterstreichen / hervorheben, dass …
Lassen Sie mich (zum Schluss) noch sagen, dass …
Merkwürdig ist, dass …

_____

_____

_____

_____

2.6 Beispiele anführen

Das folgende Beispiel kann dies belegen: …
Diese Aussage wird durch (einige / viele / zahlreiche) Beispiele
    belegt.
Dies möchte ich durch folgendes Beispiel / mit einigen Beispielen
    verdeutlichen: …
Dieser Punkt zeigt zum Beispiel / beispielsweise …
Ein (gutes) Beispiel dafür ist / wäre …
Lassen Sie mich folgendes Beispiel / einige Beispiele anführen: …

2.7 Zusammenfassen

Alles in allem …
Also, kurz gesagt: …
Die Hauptaussage ist: …
Ich fasse zusammen: …
Ich hoffe, du hast / Sie haben einen Überblick über … erhalten.
Zusammengefasst lässt sich sagen, dass …

2.8 Sich korrigieren bzw. auf Unterbrechungen reagieren

Besser gesagt, …
Darf ich das bitte erst mal zu Ende führen.
Ich habe mich da vielleicht nicht klar / missverständlich
    ausgedrückt. Ich meinte Folgendes: …
Ich meine damit: …
Ich wollte damit sagen, dass …
Ich möchte das (doch) noch einmal anders formulieren: …

Können wir bitte (noch etwas) beim Thema … bleiben?
Was ich eigentlich sagen wollte, ist / war Folgendes: …

_____

_____

_____

3 Diskutieren

→ 1 Meinungen und Vermutungen äußern
→ 2 Rede strukturieren und Verständigung sichern
→ 4.2 Nach Meinungen und Begründungen fragen
→ 6 Hinweise und Ratschläge geben
→ 8.3 Interesse zeigen
→ 11 Erörterung

3.1 Standpunkt darlegen und begründen

Also, ich finde eindeutig … am besten, weil …
Angesichts dieser Information vertrete ich den Standpunkt, dass …
Aus meiner persönlichen Erfahrung kann ich bestätigen, dass …
Ausnahmslos jeder Punkt spricht für / gegen …
Besonders gut gefällt mir …, weil …
Das wichtigste Motiv / Der Grund, warum ich …
Der Hauptgrund dafür ist, dass …
Es steht außer Frage, dass …
Es zeigt sich immer wieder, dass …
Grundsätzlich ist es wichtig, dass …
Ich habe festgestellt, dass …
Ich finde die Frage … interessant / uninteressant, weil …
Ich finde es gerecht / ungerecht, wenn …
Ich möchte darauf bestehen, denn …
Ich sehe nicht ein, dass …
… ist (in jedem Fall) wichtig / aktuell, weil …
Zweifelsohne / Zweifellos / Ohne Zweifel stellt … dar.

_____

_____

_____

3.2 Argumenten anderer zustimmen

Damit bin ich einverstanden, weil …
Das ist auch meine Erfahrung, denn …
Das ist (ja) großartig / eine gute Idee /
   ein guter Vorschlag / toll / …!
Das kann ich sehr gut verstehen.
Das könnte ein Ausweg / eine Lösung sein.
Das sehe ich (ganz) genauso!
Deine Argumente finde ich einleuchtend.
Ich kann dem nur (voll) zustimmen.
Ich teile deine / Ihre Meinung.
Ja, lass / lassen Sie mich dazu noch ergänzen, …

_____

_____

_____

3.3 Einwände äußern

Bist du / Sind Sie da sicher?
Da bin ich skeptisch.
Da habe ich Bedenken, weil …
Das ist ein bisschen schwierig / nicht so einfach, weil …
Das ist ja einerseits nicht schlecht, andererseits aber …
Das stimmt zwar, aber …
Dein / Ihr Vorschlag ist nicht schlecht, aber …
Du hast / Sie haben zwar Recht, aber ich meine trotzdem, dass …
Für mich ist das eher …
Glaubst du / Glauben Sie wirklich, dass …?
Ich bin da nicht so sicher.
Ich frage mich, ob …
Ich glaube, du hast / Sie haben da etwas übersehen.
Ich verstehe, dass …, aber …
Ich verstehe (zwar), warum du / Sie das sagst / sagen, aber
   vielleicht / auf der anderen Seite könnten wir …
Ist das aber nicht …?
Ja, aber …

Man sollte jedoch bedenken, dass …
Mir scheint das fraglich, denn …
Na ja, stimmt schon, aber …
So? Das ist mir neu.
Tut mir leid, aber ich sehe das doch (etwas) anders.
Vielleicht ist das so, aber …

_____

_____

_____

_____

3.4   Widersprechen

Da bin ich aber ganz anderer Meinung, denn …
Da haben Sie etwas falsch verstanden.
Da kann ich dir / Ihnen (gar) nicht zustimmen, denn…
Da muss ich dir / Ihnen (leider) widersprechen.
Da stimme ich dir / Ihnen nicht zu, schließlich …
Damit bin ich nicht einverstanden, weil …
Das finde ich nicht gut / übertrieben / unmöglich / …, denn …
Das finde ich nun gar nicht, denn …
Das kann doch nicht dein / Ihr Ernst sein.
Das kann ich nicht bestätigen.
Das kannst du / können Sie doch so nicht sagen / machen.
Das sehe ich (ganz) / (etwas) anders / nicht so, denn …
Das stimmt so / doch nicht.
Deine / Ihre Argumente überzeugen mich nicht (ganz) / nicht im
   Geringsten, weil …
Dem kann ich (überhaupt) nicht zustimmen.
Ganz im Gegenteil!
Ich finde das falsch / unangemessen / ungerecht / …, denn…
Ich habe da andere Erfahrungen gemacht.
Ich halte den Vorschlag für falsch / gefährlich / unsinnig, weil…
Ich kann mir nicht vorstellen, dass …
Ich teile deine / Ihre Ansicht / Meinung nicht, weil …
Ich verstehe überhaupt nicht, wieso …
In dem Punkt bin ich völlig anderer Meinung, weil …

So kann man das (meiner Meinung nach) nicht sagen.
Tut mir leid, aber da bin ich (ganz) anderer Meinung.

3.5 Vorschläge unterbreiten

Das würde ich nicht machen, sondern …
Dein Vorschlag ist gut, vielleicht könnten wir außerdem noch die
  Idee von … aufgreifen.
Es empfiehlt sich in diesem Fall, …
Ich habe da eine Idee / einen Vorschlag.
Ich habe den Eindruck, wir können uns einfach nicht einigen. Wie
  wäre es mit einem Kompromiss: Diesmal entscheidest du, das
  nächste Mal bin ich an der Reihe.
Ich meine, wir sollten …, weil …
Ich würde vorschlagen, …
In dieser Situation stellt sich die Frage, ob es nicht besser wäre,
  wenn …
Könntest du dich / Können Sie sich mit dieser Lösung identifizieren?
Könntest du dir / Können Sie sich vorstellen, dass …
Machen wir doch mal einen Plan.
Mein Tipp / Vorschlag wäre …
Vielleicht könntest du / könnten Sie …
Was hältst du / halten Sie von folgender Idee / Lösung: …
Wie wäre es, wenn …?
Wenn es nach mir ginge, würde ich …

3.6 Vereinbarungen treffen und festhalten

Am besten vereinbaren wir gleich (noch), dass …
Dann machen wir es so.
Gibt es sonst noch etwas, was wir klären sollten?
Halten wir fest: …
Ich halte das auch gleich schriftlich / im Protokoll fest.
Lass / Lassen Sie uns Folgendes vereinbaren: …
So könnte es gehen.
Wenn es so nicht geht, können wir immer noch eine andere Lösung
   suchen.
Wir sollten auch nicht vergessen, dass …
Wir sollten diese Punkte schriftlich festhalten.

_____

_____

_____

_____

4 Fragen

4.1 Informationen erfragen

Entschuldigung, weißt du / wissen Sie, ob /
   wann / wer / wie / …
Ich wüsste gern, ob / wann / wer / wie / …
Kannst du / Können Sie etwas über … sagen?
Kannst du / Können Sie mir sagen, ob / wann /
   wer / wie / …
Mich würde interessieren, ob / wann / wer /
   wie / …

_____

_____

_____

_____

4.2 Nach Meinungen und Begründungen fragen

Findest du / Finden Sie nicht / auch, dass …?
Warum hast du / haben Sie das gemacht / gesagt?
Was bringt dich / Sie auf diese Idee?
Was ist der wichtigste Grund für dich / Sie, … zu …
Was ist dir / Ihnen am wichtigsten / am zweitwichtigsten / am
  wenigsten wichtig?
Was steht bei dir / Ihnen im Vordergrund, wenn …
Wie kamst du / kamen Sie eigentlich dazu, …?

_____

_____

_____

_____

5 Gefühle und Anteilnahme äußern

5.1 Gefühle äußern

Das Besondere an diesem Moment war, dass …
Das Gefühl war überwältigend / großartig / schrecklich / …
Das hat mich (sehr) gefreut / enttäuscht / verletzt / traurig gemacht.
Das hat mir (total / wahnsinnig / echt) gutgetan / wehgetan.
Das ist mir runter gegangen wie Öl.
Das ist / war angenehm / rührend / süß / unglaublich / toll / …
Du kannst dir (nicht) vorstellen, wie begeistert / glücklich / traurig /
  verletzt ich war.
Du glaubst nicht, was das für mich bedeutet (hat).
Einer meiner schönsten / schlimmsten Momente war, als ich …
Es ist / war wundervoll / schrecklich / unangenehm / …
Es war (deshalb so) besonders / extrem / großartig / speziell, weil …
Es war sicher das Wundervollste / Schrecklichste, das ich jemals
  erlebt habe.
Ich empfinde / fühle (nur) Wut / Trauer / Schmerz / …
Ich genieße es / verabscheue es, …
Ich hoffe, dass ich das nie wieder erlebe.

Ich war am Boden zerstört / am Ende / enttäuscht / fix und fertig /
   wie betäubt / wütend / …
Ich war begeistert / gerührt / hin und weg / unglaublich stolz / …
Ich war entsetzt / traurig / …, weil …
… macht mich glücklich / unglücklich.
Meine Welt ist völlig aus den Fugen geraten.

_____

_____

_____

_____

5.2 Anteilnahme äußern

Da findet sich bestimmt eine Lösung.
Das hätte ich auch gesagt / getan.
Das hätte mich auch geärgert / gefreut / gewundert / …
Das ist doch nicht (so) schlimm / macht wirklich nichts.
Das kann ich verstehen.
Das kann man jetzt sowieso nicht mehr ändern.
Das muss ein phantastisches / schlimmes / schreckliches / tolles / …
   Gefühl gewesen sein.
Das tut mir leid.
Du hast vielleicht ein Glück!
Du warst bestimmt total glücklich / gut drauf / traurig / …
Halb so schlimm!
Ich bedaure, dass …
Ich würde dir wirklich gern helfen.
Kopf hoch! Wir finden einen Weg.
Mach dir nichts draus.
Oh, das tut mir wirklich leid.
So ein Pech!
So etwas kann jedem passieren.
Zum Glück!

_____

_____

_____

5.3 Positive und negative Überraschung ausdrücken

Bist du wahnsinnig?
Das darf / kann doch nicht wahr sein.
Das gefällt mir gar nicht.
Das glaube ich einfach nicht.
Das kann ich (überhaupt) nicht verstehen.
Das kann nicht wahr sein.
Du machst / Sie machen einen Scherz!
Ich bin sprachlos.
Ist nicht wahr!
Mir fehlen die Worte / verschlägt's echt die Sprache!
Nie und nimmer!
So eine Frechheit!
Um Himmelswillen!
Wahnsinn!
Was soll man da noch sagen?

_____

_____

_____

_____

6 Hinweise und Ratschläge geben

→ 3.5 Vorschläge unterbreiten

Achte / Achten Sie auf … / darauf, …
Am besten ist es, du / Sie …
An deiner / Ihrer Stelle würde ich …
Auf … hättest du / hätten Sie noch stärker eingehen können.
Bedenke / Bedenken Sie (auch), dass …
Du solltest / Sie sollten darauf achten / besonders beachten, dass …
Eine gute Methode ist / wäre, …
Es wäre (vielleicht) gut / besser gewesen, wenn …
Ginge es nach mir, würde ich …, denn …
Hier hätte man noch …
Ich empfehle dir / Ihnen, …

Ich kann dir / Ihnen nur raten, …
Ich möchte dich / Sie dazu ermutigen, …
Probier / Probieren Sie doch mal …
Wenn ich du / Sie wäre, würde ich …
Zum Schluss noch ein ganz besonderer Hinweis / Ratschlag / Tipp: …

_____

_____

_____

_____

7 Bitten und Beschwerden äußern

7.1 Bitten und fordern

Außerdem wäre wünschenswert, dass …
Daher appelliere ich an Sie, …
Daher fordere ich Sie auf, … zu …
Ich bitte dich / Sie um … / darum, …
Ich bitte Sie, mir ein Angebot für … zu unterbreiten.
Ich erwarte, dass …
Ich hätte gern, dass …
Ich möchte dich / Sie bitten …
Ich würde mir wünschen, dass …
Meine Forderung lautet, dass …
Wärst du / Wären Sie so freundlich und würdest / würden …
Würde es dir / Ihnen etwas ausmachen, …

_____

_____

_____

_____

7.2 Sich beschweren

Es kann (doch) nicht angehen, dass …
Es kann (doch) nicht im Sinne von … sein, dass…
Es kann (doch) nicht wahr sein, dass …
Ich bin mit … gar nicht zufrieden.
Ich finde es unangemessen / ungeheuerlich, dass…
Ich halte es für eine Frechheit / Unverschämtheit, dass …
Ich muss mich leider darüber beschweren, dass …
Ich muss mich leider über … beschweren.
Leider musste ich jedoch feststellen, dass …
Wie konnte das denn passieren?

8 Interview

→ 1 Meinungen und Vermutungen äußern
→ 2 Rede strukturieren und Verständigung sichern
→ 4 Fragen

8.1 Interview einleiten

Entschuldigen Sie bitte, haben / hätten Sie kurz etwas Zeit?
Hätten Sie ein wenig Zeit für mich?
Ich bin … und möchte gern ein Interview über … durchführen.
Ich würde Sie gerne zum Thema … interviewen.

8.2 Interview gliedern

Darf / dürfte ich zunächst einmal auf das Thema ... zu sprechen
  kommen.
Ich würde gern zuerst das Thema ... ansprechen.
Ich würde jetzt gern zum nächsten Punkt kommen.
Kommen wir noch mal zurück zur Frage / zum Thema ...
Können wir bitte (noch etwas) beim Thema ... bleiben?

_____

_____

_____

8.3 Interesse zeigen

Das finde ich sehr interessant.
Das ist aber interessant.
Das ist ja großartig.
Das klingt ja interessant / spannend, erzählen Sie mal!
Echt / Wirklich?
Sie machen mich (wirklich) neugierig.
Verstehe.

_____

_____

_____

8.4 Interviewpartner unterbrechen

Da würde ich gern kurz einhaken: ...
Eine (kurze) Frage bitte: ...?
Entschuldigen Sie bitte die Unterbrechung, aber...
Entschuldigung, darf ich Sie kurz unterbrechen?
Tut mir leid, wenn ich Sie unterbreche, aber ...

_____

_____

_____

Redemittel – Mittelpunkt B2

8.5 Nachfragen und auf Antworten näher eingehen

Darf ich noch einmal auf den Punkt … zurückkommen /
auf diesen Punkt eingehen?
Dürfte ich bitte kurz nachfragen: …?
Dürfte ich den Gedanken / den Punkt … noch einmal
aufgreifen?
Ich möchte gern noch einmal auf das zurückkommen,
was Sie gerade gesagt haben: …
Ich würde gern noch einmal auf das eingehen, was Sie
eingangs / zu Beginn / vorhin gesagt haben: …
Ich bin nicht sicher, ob ich Sie richtig verstanden habe: …
Könnte ich (direkt) dazu eine Frage stellen?
Würden Sie das bitte etwas näher erläutern?

8.6 Interview abschließen

Das war sehr interessant, Herr / Frau … Vielen Dank!
Herr / Frau …, ich danke Ihnen für dieses interessante / informative
Gespräch.
Hiermit sind wir am Ende unseres Interviews.
Ich danke Ihnen für Ihre Gesprächsbereitschaft.
Vielen Dank für dieses informative / interessante Gespräch.

9 Präsentation

→ 2 Rede strukturieren und Verständigung sichern
→ 3.1 Standpunkt darlegen und begründen

9.1 Projekt bzw. Produkt vorstellen

Ein besonderes Merkmal ist …
Es ist leicht zu sehen, dass …
Sie haben hier ein Produkt mit … Eigenschaften.
Wenn ich Ihnen kurz unser Projekt / Produkt vorstellen darf.
Wir liefern das Produkt in … Ausführungen.

9.2 Projekt bzw. Produkt positiv bewerten

Das Projekt / Produkt zeichnet sich durch … aus.
Das Projekt / Produkt zeigt eindrucksvoll, dass …
Die / Seine / Ihre herausragende Leistung ist …
Dieses Produkt erfüllt die höchsten Anforderungen.
Es ist beeindruckend, dass …
Ich übertreibe nicht, wenn ich sage …

9.3 Präsentation abschließen

Lassen Sie mich zum Schluss noch sagen, dass …
Ich hoffe, Sie haben einen Überblick über die verschiedenen
    Aspekte / Möglichkeiten dieses Projekts / Produkts erhalten.

10 Beschreibung

10.1 Bild / Foto / Schaubild / Szene beschreiben

Anhand des Bildes / Fotos / Schaubildes / der Szene kann man
   sehen, dass …
Auf dem Bild / Foto / Schaubild sieht man … / ist … dargestellt.
Das Bild / Foto / Schaubild / Die Szene … zeigt, wie / dass …
Es ist zu sehen, dass …
Hier sieht / erkennt man …
Oberflächlich gesehen, …
Wenn ich das Bild / Foto / Schaubild (genau) betrachte, dann …

_____

_____

10.2 Wirkung beschreiben und interpretieren

→ 1 Meinungen und Vermutungen äußern

Auf mich wirkt das Bild / Foto / die Szene …
Beim Betrachten des Bildes / Fotos / der Szene empfinde ich … /
   denke ich an …
Das Bild / Foto / Die Szene erinnert mich an …
Das Bild / Foto / Die Szene interpretiere ich folgendermaßen: …
Das Bild / Foto / Die Szene macht auf mich den Eindruck, als
   hätte / als wäre es …
Das Bild / Foto / Die Szene ruft bei mir … hervor, denn …
Das Gemälde / Die Szene erweckt den Eindruck, als ob …
Der Künstler / Die Künstlerin möchte zeigen /
   zum Ausdruck bringen, dass …
Es könnte sein / Ich könnte mir vorstellen,
   dass der Künstler / die Künstlerin …
Mit dem Bild / Foto / der Szene verbinde /
   assoziiere ich …

_____

_____

11 Erörterung

11.1 Thema einleiten

Bei dem Text „…" (Titel) handelt es sich um … (Textsorte)
  in / aus / … (Quelle).
Daher taucht immer wieder die Frage auf, ob …
Daraus ergibt sich die Frage, …
Der Text / Artikel / … handelt von …
Es wird außerdem / darüber hinaus / zudem / …
  beschrieben / dargestellt, wie / dass …
In dem Text / Artikel / … geht es um Folgendes: …
Man erkennt zwei / drei / … / mehrere Argumentationslinien.

11.2 Pro-Argumente

Befürworter einer solchen Lösung argumentieren /
  vertreten die Ansicht, dass …
Dafür / Für … spricht, dass …
Das Hauptargument für … / dafür, dass …, ist …
Das wichtigste Argument für … bezieht sich auf …
Der Vorteil von … ist …
Einer der wichtigsten Gründe der für … angeführt wird, ist …
Ein weiteres Argument für … ist …
Es gibt zwei / drei wichtige Argumente für …
Was dafür spricht, ist …

11.3 Contra-Argumente

⊖

Dagegen / Gegen spricht, dass…
Das Hauptargument gegen … / dagegen, dass …, ist …
Der Nachteil von … ist …
Der wichtigste Einwand bezieht sich auf …
Einer der wichtigsten Gründe, der gegen … angeführt wird, ist …
Ein weiteres Argument / weiterer Einwand gegen … ist …
Es gibt zwei / drei wichtige Argumente gegen …
Gegner einer solchen Lösung argumentieren / vertreten die
    Ansicht, dass …
Was dagegen spricht, ist …

_____

_____

_____

11.4 Vergleichen und abwägen

An … ist positiv / negativ, dass …
Auf der einen Seite … Auf der anderen Seite …
Bei … verändert sich…, bei … hingegen …
Demgegenüber steht allerdings …
Die einen befürworten, dass … Die anderen lehnen … ab, dass …
Die einen sind für … / dafür, dass … Die anderen sind gegen
    … / dagegen, dass …
Einerseits …, andererseits …
Gegenüber … hat … den Vorteil / Nachteil, dass …
… hingegen argumentiert / entgegnet …, dass …
Im Gegensatz / Vergleich / Unterschied zu …
Verglichen mit …
Während sich … entwickelt, sieht die Entwicklung bei … aus.
Während die einen meinen / anführen, dass …, sind die anderen
    der Ansicht, dass …

_____

_____

_____

11.5 Schlussfolgern

Abschließend / Zusammenfassend lässt sich die Situation wie folgt
   bewerten: …
Angesichts dieser Information vertrete ich den Standpunkt, dass …
Daher sollten …
Das Argument von … überzeugt (mich) mehr, denn …
Deshalb ist meines Erachtens / meiner Meinung nach … im Recht.
Die Argumentation von … finde ich einleuchtend(er), denn …
Die Gründe, die … anführt, erscheinen mir stichhaltiger, weil …
Es wäre sicher gut, wenn …
Ich beurteile dieses Problem folgendermaßen / wie folgt: …
Ich bin der Ansicht / Auffassung / Meinung, dass …
Ich bin der (festen) Überzeugung, dass …
Ich halte die Argumente von … für besser, weil …
Meine Einschätzung der Lage ist folgende / folgendermaßen: …
Meiner Ansicht / Auffassung / Meinung nach ist …
Meiner Überzeugung nach …
Mich überzeugt / überzeugen am stärksten …

_____

_____

_____

_____

12 Zusammenfassung

→ 2.6 Beispiele anführen
→ 11 Erörterung

Der Artikel / Text / … handelt von / thematisiert …
Der Autor hebt … hervor / bezieht sich auf / betont …
Die Hauptaussage / zentrale Aussage des Artikels / Textes ist …
Es geht hauptsächlich / vor allem darum, dass …
Es wird außerdem / darüber hinaus / zudem beschrieben /
    dargestellt, …
Im ersten / zweiten / dritten / … Abschnitt steht, dass …
In dem Artikel / Text wird deutlich, dass …
In diesem Artikel / Text geht es um / darum, dass …
Insgesamt zeigt sich, dass …

_____

_____

_____

_____

13 Formelle Briefe verfassen

13.1 Anrede und Grußformel

Sehr geehrte Damen und Herren, …
Sehr geehrte Frau … / Sehr geehrter Herr, …
Mit freundlichem Gruß / freundlichen Grüßen …

_____

_____

_____

_____

13.2 Formelle Briefe einleiten

Hiermit möchte ich Ihnen mitteilen, dass …
Ich wende mich an Sie, um Ihnen mitzuteilen, dass …
Vielen Dank für Ihr Schreiben vom …

_____

_____

_____

_____

13.3 Bitten formulieren

Für eine baldige / schnelle Antwort wäre ich Ihnen sehr dankbar.
Ich danke Ihnen im Voraus für Ihre Bemühungen.
Ich wäre Ihnen sehr dankbar, wenn Sie …
Könnten Sie mir eine kurze Bestätigung / Nachricht / Information
  zukommen lassen?
Vielen Dank im Voraus.

_____

_____

_____

_____

Redemittel – Mittelpunkt C1

1 Meinungen und Vermutungen äußern

1.1 Meinung und Einstellung ausdrücken

Aus meiner Sicht ist … (sehr) bedauerlich / erfreulich, denn …
Besonders kritikwürdig / lobenswert ist …
Das … gefällt mir (nicht) / spricht mich (nicht) an, weil …
Das … halte ich (nicht) für …
Ich bin dieser Meinung, weil …
Ich teile diese Auffassung (nicht), weil …
Meine Auffassung / persönliche Meinung / Einstellung (dazu) / Sicht
    der Dinge ist folgende: …
Nach meinem Dafürhalten …
So wie ich das sehe, …
Wie / Anders als … bin ich der Meinung / vertrete ich die Ansicht,
    dass …
Unter … verstehe / fasse ich (nicht) …

_____

_____

_____

_____

1.2 Vermutungen äußern

Angeblich …, aber ich denke / meine, dass …
Dafür könnten verschiedene Aspekte eine Rolle spielen: …
Damit könnte gemeint sein, dass …
Der / Die / Das … mag / dürfte / müsste / wird wohl / …
Die Annahme liegt nah, dass …
Die Frage ist, ob …
Die / Eine Konsequenz wird sein, dass …
Diese Entwicklung wird möglicherweise /
    voraussichtlich dazu führen, dass …
Es besteht die Möglichkeit / Es ist möglich, dass …
Es kann (nicht) sein, dass …
Es könnte sein / muss so sein / scheint / ist möglich / ist sehr
    wahrscheinlich, dass …

Es scheint so / sieht so aus, als ob …
Es wäre gut gewesen, wenn …
Für … ist wohl eher ausschlaggebend, dass …
Konkret bedeutet das möglicherweise / vielleicht / vermutlich /
  wahrscheinlich / höchstwahrscheinlich, dass …
Ich bin mir sicher / habe gehört / vermute, dass …
… lässt darauf schließen, dass …
Unter Umständen bedeutet das, dass …
Von Bedeutung / Interessant ist dabei wohl / sicher, dass …

_____

_____

_____

2 Rede strukturieren und Verständigung sichern

2.1 Unterbrechen bzw. Zwischenfragen stellen

Dürfte / Könnte ich eine kurze Verständnisfrage / Zwischenfrage
  stellen?
Eine kurze Zwischenfrage, bitte.
Entschuldigung, was bedeutet der Begriff …?
Entschuldigung, das verstehe ich noch nicht ganz. Könntest
  du / Könnten Sie das bitte noch einmal erklären?
Entschuldige / Entschuldigen Sie, wenn ich hier noch mal
  nachfrage, aber mich interessiert …
Erlaubst du / Erlauben Sie eine kurze Zwischenfrage / Anmerkung?
Ganz kurz: …
Ich unterbreche dich / Sie nur (sehr) ungern, aber woher hast
  du / haben Sie diese Informationen?

_____

_____

_____

2.2   Nachfragen bzw. die Argumente des Gegenübers wiedergeben

Das verstehe ich jetzt nicht. Was meinst du / meinen Sie denn mit …?
Du hast / Sie haben (eben) gesagt, dass …
Das verstehe ich nicht / Das ist mir nicht ganz klar. Könntest
    du / Könnten Sie das noch einmal an einem Beispiel erläutern?
Ich hätte noch ein paar Fragen: …
Ich möchte noch einmal nachfragen: Was verstehst du / Was
    verstehen Sie unter …?
Ich würde gern noch etwas darüber wissen, wie / warum / …
Ist das wirklich ein typisches Beispiel für …
Gilt dieses Beispiel wirklich für alle …?
Könntest du / Könnten Sie mir noch einmal kurz erklären / näher
    erläutern, was / wie / …
Verstehe ich dich / Sie richtig? Du plädierst / Sie plädieren für …
Was ich nicht so ganz verstanden habe, ist Folgendes: …
Welche Beweise gibt es denn für …?
Wenn ich dich / Sie richtig verstehe / verstanden habe, dann …?
Wie genau soll man das verstehen?
Wie ist das im Einzelnen?

_____

_____

_____

2.3   Sich auf Vorredner beziehen

Herr / Frau … hat vorhin erwähnt, dass …
Ich kann mich Herrn / Frau … nur anschließen.
Ich möchte die Argumente von Herrn / Frau … noch einmal
    aufgreifen und …
Wie Herr / Frau … bereits ausgeführt / kommentiert / kritisiert
    hat, …

_____

_____

_____

2.4 Laut nachdenken

→ 7.3 Zeit zum Nachdenken gewinnen

Bei genauer Überlegung …
Da muss ich (kurz) nachdenken.
Wenn ich mir das durch den Kopf gehen lasse, …
Wenn ich mir das genau überlege, …

_____

_____

_____

2.5 Hervorheben

Ausschlaggebend ist …
(Besonders) auffallend ist …
(Besonders) betonen möchte ich, dass …
(Besonders) wichtig erscheint mir, dass …
Das Allerwichtigste / Das Hauptargument ist …
Das Eigenartigste / Merkwürdigste / Seltsamste / Spannendste /
   Unglaublichste ist / war, …
Das ist mir ein besonderes Anliegen, weil …
… – das war extrem / unglaublich / unvorstellbar.
Dies möchte ich (noch einmal) besonders betonen: …
Eine zentrale / besondere Bedeutung hat …
Folgendes möchte ich besonders hervorheben: …
Für mich ist besonders wichtig, …
Ich kann immer noch nicht fassen, dass …
In diesem Zusammenhang möchte ich betonten, dass …
Von (besonderer) Bedeutung ist (für mich) …
Was ich besonders beängstigend / erfreulich fand, war…
Was mich besonders beeindruckt / berührt / gefreut / schockiert / …
   hat, war …
Wichtig ist noch ein anderer Punkt: …

_____

_____

_____

2.6 Auf Nachfragen und Unterbrechungen reagieren

Ach, habe ich das nicht gut erklärt? Also, … bedeutet …
Also, unter … verstehe ich …
Sie meinen hier diesen Punkt? Das ist eigentlich ganz einfach.
Sehen Sie hier …
Warum ich behaupte, dass … Nun …

2.7 Beispiele anführen

Dafür lassen sich viele Beispiele nennen: …
Das Ereignis von … ist dafür beispielhaft.
Dies möchte ich, wie folgt, verdeutlichen: …
Hierfür lassen sich folgende Beispiele anführen / nennen: …
Hier lässt sich die Geschichte von … anführen.

2.8 Verständnis bestätigen

Ach so!
Ah, so war / ist / geht das also.
Das kann ich jetzt (in etwa / gut) nachvollziehen.
Das leuchtet mir ein.
Jetzt ist mir das / der Zusammenhang klar.

3 Diskutieren

3.1 Standpunkt darlegen und begründen

Angesichts der Bedeutung von … bin ich der Ansicht, dass …
Auch wenn …, meine ich doch, dass …
Ausschlaggebend für meine Wahl / Entscheidung war …
Dabei sollte man nicht vergessen, dass …
Das liegt darin begründet / daran, dass …
Der Grund dafür ist in … zu suchen / darin zu suchen, dass …
Die größte Bedeutung hat / haben …, denn …
Diesen Standpunkt möchte ich wie folgt erläutern: …
Dies möchte ich noch einmal (besonders) begründen: …
… hat besonderen Einfluss auf …
Ich beurteile … positiv / negativ, (ganz besonders) weil …
Ich halte … für besonders wichtig, weil …
Ich sehe das wie folgt: …
Ich vertrete da einen dezidierten / eindeutigen Standpunkt, denn …
In Bezug auf … würde ich sagen, dass …
Man sollte auf alle Fälle bedenken / berücksichtigen, dass …
Meinen Standpunkt möchte ich wie folgt begründen: …
Meines Erachtens sollte man berücksichtigen, dass …
Natürlich gibt es auch hier / in diesem Fall ein Für und Wider,
   dennoch würde ich …, weil …
… scheint mir nicht ganz unerheblich.
Vor diesem Hintergrund vertrete ich den Standpunkt, dass …
Wie ich bereits erörtert habe, …

_____

_____

_____

_____

3.2 Argumente anführen

Als Beleg lässt sich anführen, dass …
Befürworter / Gegner des / der … betonen / heben hervor / weisen
    darauf hin, dass …
Dafür / Dagegen sprechen verschiedene Argumente: …
Dafür / Dagegen spricht (besonders) … / lässt sich anführen, dass …
Das überzeugendste Argument ist, dass …
Das wichtigste Argument für / gegen … ist, …
Dem ist entgegenzuhalten, dass …
Die andere Seite führt dagegen ins Feld, dass …
Für … / Gegen … sprechen (insbesondere) folgende Gründe /
    Argumente: …
Gegner lehnen das (entschieden) mit dem Argument ab, dass …
Ich sehe auf beiden Seiten wichtige Argumente. Deshalb …
In Bezug auf / Bezüglich … möchte ich zwei / drei / folgende
    Argumente anführen: …
Interessant ist noch der Einwand …, denn er zeigt, dass …
… ist ein wichtiger Grund / wichtiges Argument dafür / dagegen.
Man sollte bedenken / berücksichtigen, dass …

_____

_____

_____

_____

3.3 Argumenten anderer zustimmen

Da habt ihr / haben Sie natürlich Recht.
Das ist wirklich ein schlagendes Argument.
Das klingt (wirklich) einleuchtend / überzeugend.
Dein Argument leuchtet mir ein.
Dem kann ich nur noch eine Kleinigkeit hinzufügen: …
Dem kann ich zur zustimmen / beipflichten, weil …
Den Worten meines Vorredners möchte ich nur hinzufügen, dass …
Ergänzend dazu möchte ich sagen, dass …
Ich bin wie du / Sie der Ansicht / Meinung, dass …

Ich möchte deine / Ihre Aussage noch folgendermaßen
  untermauern: …

_____

_____

_____

_____

3.4   Einwände äußern

Das klingt zwar im ersten Moment überzeugend, aber …
Dem kann ich nur teilweise zustimmen, denn …
Ich glaube nicht, dass man so argumentieren kann, denn …
Ich verstehe dein / Ihr Argument, aber …
Man könnte einwenden, dass …
Man sollte auch in Betracht ziehen, dass …
Meinst du / Meinen Sie nicht, dass … auch eine Rolle spielt.
(Na ja), das stimmt zwar schon, aber an … muss man doch auch
  denken.
Wenn man sich das jetzt aber konkret vorstellt, dann …

_____

_____

_____

_____

3.5   Widersprechen

Da haben Sie Unrecht / nicht Recht!
Da irren Sie sich!
Das kann ich (nun) überhaupt nicht nachvollziehen, denn / weil …
Im Gegensatz zu dir / Ihnen denke ich, dass …

_____

_____

_____

_____

3.6 Vorschläge unterbreiten und Vereinbarungen treffen

Alles in allem zeigt sich, dass …

Auch wenn es auf den ersten Blick überraschend scheint, ist … (für mich) die beste Wahl.

Eine (gute) Lösung wäre / könnte sein, …

Eine gute Methode / Möglichkeit wäre, …

Es ist einen Versuch wert, …

Mir scheint in diesem Fall … am geeignetsten.

Natürlich gibt es auch hier / in diesem Fall ein Für und Wider, dennoch würde ich … vorschlagen.

Um das zu erreichen, sollten wir …

Wissen Sie was – was halten Sie davon, wenn …?

Weißt du was – was hältst du davon, wenn …?

Wir haben uns nach einer längeren Diskussion auf … geeinigt.

_____

_____

_____

_____

3.7 Formelle Diskussion moderieren

Begrüßen

Als Gast / Gäste darf ich … willkommen heißen.

Ich begrüße alle Teilnehmer und freue mich, dass Sie die Zeit gefunden haben, heute hier zu sein.

Ich begrüße Sie recht herzlich und hoffe, dass es eine interessante Diskussion wird.

Ich freue mich, dass Sie so zahlreich zu unserer Diskussion erschienen sind.

Liebe Kolleginnen, liebe Kollegen, ich begrüße Sie herzlich zu unserer heutigen Sitzung.

Wir möchten / werden uns heute mit einigen wichtigen / heiklen Fragen auseinandersetzen / beschäftigen, …

_____

_____

_____

Vorgehensweise / Verfahrensfragen

Ich darf Sie bitten, die vereinbarte Redezeit von … Minuten
    einzuhalten.
Wäre es möglich, es so zu machen, dass …?
Wer schreibt Protokoll?

Um Stellungnahme bitten

Es ist vorgeschlagen worden, dass …
Möchten Sie direkt dazu Stellung nehmen?
Teilen Sie diese Ansicht?
Wer möchte sich dazu äußern?

Strukturieren des Gesprächsablaufs

Bevor wir über … sprechen, möchte ich noch mal auf …
    zurückkommen.
Das / Diesen Punkt sollten wir vielleicht lieber zurückstellen / später
    noch einmal aufgreifen.
Diesen Punkt würde ich gern noch einmal genauer beleuchten: …
Hier möchte ich einhaken: …
Ich glaube, wir kommen vom (eigentlichen) Thema ab.
Moment, jetzt lassen Sie uns doch über … sprechen.
Lassen Sie uns noch einmal zur Eingangsfrage zurückkommen.

Einbringen neuer Aspekte bzw. Übergang zur nächsten Teilfrage

Dies leitet (direkt) über zu der Frage, wie / ob …

Ich möchte die Anregung von Herrn / Frau … aufgreifen und an alle
die Frage richten, …

Ich möchte jetzt gern auf das Thema … zu sprechen kommen.

Ich würde jetzt gern zu dem zweiten / dritten / nächsten Punkt der
Tagesordnung kommen.

Hinweis auf die Zeit

Bitte nur noch je eine Wortmeldung. Wer möchte beginnen?

Die Zeit drängt.

Wir müssen langsam zum Ende kommen.

Diskussionsergebnis

Das Fazit der Diskussion könnte also lauten: …

Ich darf nun die Ergebnisse der Diskussion zusammenfassen: …

Wir halten also für das Protokoll fest, dass …

Verabschiedung

Hiermit ist unsere Sitzung beendet.

Ich bedanke mich bei allen für die konstruktive Beteiligung.

Wir sind wieder ein Stück weitergekommen.

---

4   Ratschläge und Anteilnahme

4.1   Ratschläge geben

→ 3.6 Vorschläge unterbreiten und Vereinbarungen treffen

Abhilfe bringen könnte da …
Als … würde ich eher … nehmen / vorschlagen.
Anstatt das zu machen, könntest du / könnten Sie …
Bei … solltest du / sollten Sie noch … berücksichtigen.
Eine Alternative ist …
Ein guter Kompromiss wäre …
Erfolg versprechend ist oft …
Es bietet sich an, …
Es hat sich bewährt, …
Es ist einen Versuch wert, …
Hast du / Haben Sie schon an … gedacht?
Hast du / Haben Sie schon mal überlegt, ob …?
Ich habe die Erfahrung gemacht, dass …
Ich finde, du solltest / Sie sollten …
Ich würde dir / Ihnen raten, …
Könnte man nicht stattdessen …
Könnte man … verbessern, indem …
Um das zu erreichen, solltest du / sollten Sie …
Vielleicht würde es sich lohnen, …
Vorteilhaft / Von Vorteil wäre …
Wäre es nicht besser, wenn …?
Weißt du – was hälst du davon, wenn …?
Wissen Sie was – was halten Sie davon, wenn …
… würde sicher eine Verbesserung bringen.

4.2 Anteilnahme äußern

Beim nächsten Mal wird es wieder besser.
Das ist doch kein Weltuntergang!
Es gibt Schlimmeres.
Ich versteh dich, aber nimm's nicht persönlich.
Ist doch nur halb so wild!
Nimm's mit Humor / nicht so schwer.
Oh, das ist natürlich mehr als ärgerlich!
So ist das Leben / es halt (manchmal)!

_____

_____

_____

_____

5 Fragen

5.1 Informationen erfragen

Eine Frage hätte ich noch zu …
Ich habe von … gehört. Wie soll das denn genau aussehen?
Ich wollte mich bei Ihnen über … informieren.
Ich würde mich gern nach … erkundigen.
Könntest du / Könnten Sie das bitte näher erläutern?
Könntest du / Könnten Sie mir noch Informationen zu … geben?
Was für Vorschriften / Regeln gibt es denn bezüglich …?
Was muss man bei … berücksichtigen?
Wie geht man vor bei …?
Wie sieht es (denn / eigentlich) mit … aus?
Wenn ich fragen darf: …

_____

_____

_____

_____

5.2 Fragen in Beratungsgesprächen

Darf man fragen warum?
Das verstehe ich jetzt nicht. Was meinen Sie denn mit …?
Haben Sie sonst noch Fragen?
Um was geht es denn genau?
Was kann ich für Sie tun?
Wenn ich Sie richtig verstehe, dann …?
Wenn ich fragen darf: …
Wie kann ich Ihnen helfen?
Wissen Sie was – was halten Sie davon, wenn …?
Worum geht es denn genau?

5.3 Auf Anspielungen reagieren

Heißt das (etwa): …?
Im Klartext heißt das also: …
Soll das etwa heißen: …?
Worauf willst du / wollen Sie eigentlich hinaus?

6 Geschichten erzählen

→ 2.5 Hervorheben

6.1 Einleitung

Also, was mir letzte Woche passiert ist, das muss ich dir / euch
   erzählen: …
Ich möchte euch von einem besonderen Ereignis berichten: …
Stell dir / Stellt euch vor, was ich erlebt habe / mir passiert ist: …
Was ich dir / euch unbedingt erzählen wollte: …

_____

_____

_____

_____

6.2 Schlusspointe

Da kann man nur sagen: …
Das Ende vom Lied war: …
Der Clou war: …
Ende gut, alles gut! Ich bin / Wir sind noch einmal davonge-
   kommen.
Und am Ende …
Und du wirst / ihr werdet es nicht glauben, schließlich …
Und schließlich ging's so aus: …
Und stell dir / stellt euch vor, zum Schluss / am Ende …
Und was lehrt uns das?

_____

_____

_____

_____

7 Interview bzw. Vorstellungsgespräch

→ 1.1 Meinung und Einstellung ausdrücken
→ 2 Rede strukturieren und Verständigung sichern
→ 5.1 Informationen erfragen

7.1 Interview einleiten

Beschreiben Sie mir doch bitte kurz …
Darf ich fragen, …
Es wäre schön, wenn Sie jetzt …
Ich hätte (noch) ein paar Fragen: …
Ich würde gern (noch) etwas darüber wissen, wie / warum / …
Ich würde gern etwas über … hören / wissen.
Könnten Sie etwas von / über … erzählen?
Könnten Sie mir kurz erläutern / erklären / erzählen, wie …
Könnten Sie sich vorstellen, …?

7.2 Positive Rückmeldung geben

Das ist für mich selbstverständlich.
Das kann ich Ihnen genau sagen.
Ja, das könnte ich mir gut vorstellen.
Ja, wirklich sehr gut.
Natürlich gern.

7.3   Zeit zum Nachdenken gewinnen

Da muss ich kurz überlegen.
Das ist eine interessante Frage.
Ob ich Arbeit mit nach Hause nehme?
Ob ich …?
Wenn ich darüber nachdenke, dann …
Wenn ich mir Gedanken über … mache, dann …
Wo ich in ein / zwei / … Jahren stehen möchte?
Wo ich am erfolgreichsten war?
Wo / Wie / Warum ich …?

_____

_____

_____

_____

7.4   Bedeutung hervorheben

Besondere Bedeutung hat …
Das ist mir ein besonderes Anliegen, weil …
Für mich ist besonders wichtig, …
Von besonderer Bedeutung ist für mich, …

_____

_____

_____

_____

7.5   Selbstpräsentation

Abschließend möchte ich noch sagen / hervorheben, dass …
Ich bin besonders gut in …
Ich glaube, dass ich für diese Stelle besonders geeignet bin, weil …
Ich habe festgestellt, dass mir … besonders liegt, daher …
Ich habe viel Erfahrung in …
Ich interessiere mich für Ihre Stelle, weil …
Ich könnte mir vorstellen, dass …
Meine Stärken sind …

Mir fällt … (besonders) leicht, daher …
Zunächst möchte ich mich kurz vorstellen: …

_____

_____

_____

_____

8 Vortrag bzw. Präsentation

→ 2 Rede strukturieren und Verständigung sichern
→ 3.1 Standpunkt darlegen und begründen
→ 3.2 Argumente anführen
→ 9 Schaubilder / Grafiken beschreiben
→ 10 Erörterung
→ 11 Zusammenfassung

8.1 Begrüßung

Liebe Kolleginnen und Kollegen / Sehr geehrte Damen und Herren,
   ich freue mich sehr, dass Sie so zahlreich erschienen sind.
Im Rahmen … möchte ich heute … begrüßen. Das Thema
   seines / ihres Vortrages lautet: …
Meine sehr geehrten Damen und Herren, ich bitte um Ihre
   Aufmerksamkeit!
Vielen Dank für die Einladung zu dieser Veranstaltung.
Ich freue mich, dass ich die Gelegenheit habe, Ihnen mein / unser
   Projekt zu präsentieren / vorzustellen.
Ich freue mich sehr, dass Sie mir die ehrenvolle Aufgabe
   übertragen haben, den Vortrag zu … hier zu halten und mit
   Ihnen über … zu sprechen.
Ich möchte mich heute mit Ihnen über … unterhalten /
   auseinandersetzen.

_____

_____

_____

_____

8.2 Ankündigungen

Meine Damen und Herren, bevor …, möchte ich noch eine
Ankündigung machen.

Meine sehr verehrten Damen und Herren, hier noch eine kurze
Änderungsmitteilung zum Programm: …

Der Vortrag von … muss bedauerlicherweise entfallen. Wir ziehen
deshalb … vor. Wir bitten Sie, die Änderung zu entschuldigen.

Im Unterschied zum ausgedruckten Programm haben sich leider
einige Veränderungen ergeben, weil …

Wir können Ihnen heute Nachmittag / Abend / … eine
Zusatzveranstaltung anbieten.

Zunächst werde ich …, dann werden wir uns in Arbeitsgruppen
aufteilen. Nach … werden die Gruppen die Ergebnisse vorstellen.

Sie finden die Aushänge zu … Bitte tragen Sie sich dort ein.

Gegen … Uhr ist eine Pause vorgesehen.

Wenn ich noch um etwas bitten darf: Finden Sie sich bitte
pünktlich in … ein.

Wir können dann wieder um … weitermachen.

_____

_____

_____

_____

8.3 Vortragsstruktur erläutern

Zunächst gebe ich einen Überblick über den Ablauf. Zuerst …,
dann / danach / …, zum Schluss …

Ich möchte Ihnen kurz mitteilen, wie der Ablauf der / des / von …
aussieht.

Ich möchte kurz folgendes Thema darstellen: …

In meinem Vortrag werde ich über … sprechen / befasse ich mich
mit / geht es um …

In meinem Vortrag wird es darum gehen, …

Ich habe mir den Vortrag wie folgt vorgestellt: …

Ich habe meinen Vortrag in … Kapitel gegliedert: …

Zunächst hören Sie …, dann …, zum Schluss …

Erstens ist der Begriff … genau zu definieren. Zweitens …

Im ersten Teil meines Vortrages möchte ich kurz auf … eingehen. Im zweiten Teil werde ich erläutern, …

Für meinen Vortrag ist etwa eine halbe Stunde vorgesehen, sodass danach noch … Minuten Zeit sind, um offene Fragen zu stellen und zu diskutieren.

Sollten Sie Fragen zu … haben, dann möchte ich Sie bitten, diese im Anschluss an meinen Vortrag zu stellen, es gibt noch genug Zeit für Diskussionen hinterher.

Zu Beginn möchte ich etwas zu einigen Punkten sagen, die unserem gemeinsamen Einstieg in das Thema dienen könnten.

Bevor ich … erkläre / genauer beleuchte, möchte ich ein paar Sätze zu … sagen.

Kommen wir nun zum Thema / zu Punkt …

8.4   Projektpräsentation

Bevor ich … erkläre, möchte ich ein paar Sätze zu den Gründen für unser Projekt sagen.

Wir sind davon ausgegangen, dass …

So kamen wir zu dem Ansatz unseres Projekts: Es soll …

Diese Entwicklung rechtfertigt es, von einer Revolution zu sprechen.

An folgende Einsatzfelder ist gedacht: …

… lassen sich einsetzen in …

Dies erfordert / setzt voraus, dass …

… lässt sich folgendermaßen charakterisieren.

… ist kennzeichnend für …

Mit … bezeichnet man …

Unter … versteht man …

… ruft die Vorstellung wach, dass …

Noch nicht zufrieden stellend ist …

Notwendig ist …
Probleme gibt es bei …
Folgendes Problem muss / Folgende Probleme müssen (hierfür)
  noch gelöst werden: …
Für die Verbreitung wäre (es) hilfreich, wenn …
Für die Zukunft plant man …
Größere Akzeptanz ließe sich erreichen, wenn …
Von Vorteil wäre hierbei, wenn …

_____

_____

_____

_____

8.5   Vortrag bzw. Präsentation abschließen

Ich hoffe, dass ich deutlich machen konnte, wie …
Ich hoffe, dass ich Ihnen ein klares Bild unseres Projektes
  geben / vermitteln konnte.
Insgesamt / Alles in allem können wir eine sehr positive Bilanz
  ziehen.
Zusammenfassend lässt sich sagen, dass …
Dennoch gibt es sicher noch einige Fragen.
Ich danke Ihnen für Ihre Aufmerksamkeit und stehe Ihnen nun
  für Fragen und Diskussionsbeiträge (selbstverständlich) zur
  Verfügung.
Ich freue mich auf eine lebhafte Diskussion / ein interessantes
  Gespräch mit Ihnen.
Nun möchte ich vor allem wissen, was Sie darüber denken.

_____

_____

_____

_____

9 Schaubilder / Grafiken beschreiben

9.1 Schaubild / Grafik im Überblick

Als Quelle des Schaubildes / der Grafik wird … angegeben.
Auf dem Schaubild / der Grafik ist dargestellt / sieht man, wie …
Das Balken- / Säulen- / Kreis- / Kurven- / Kuchen- /Liniendiagramm /
    stellt … dar / zeigt …
Das Schaubild / Die Grafik besteht aus …
Das Schaubild / Die Grafik bezieht sich auf …
Das Schaubild / Die Grafik zeigt / veranschaulicht / stellt dar,
    was / wie / dass …
Das vorliegende Schaubild / Die vorliegende Grafik liefert / zeigt
    Informationen / gibt Auskunft über …
Der Titel „…" verweist auf …
Die Zahlen / Angaben / Informationen / Daten stammen von / aus …
In dem Schaubild / der Grafik befindet sich … / wird … dargestellt.
In diesem Schaubild / dieser Grafik sind die einzelnen Prozesse in
    ihrem Zusammenhang dargestellt.

9.2 Linien- bzw. Kurvendiagramm

Der Anstieg / Der Rückgang beträgt / beläuft sich auf …
Die Entwicklung / Veränderung beschleunigt / verlangsamt sich.
Die Entwicklung stagniert auf dem Niveau von …
Die Entwicklung verläuft in Sprüngen.
Die Kurve fällt / sinkt / steigt / wächst.

Die Kurve steigt leicht / expotentiell / stark an.
Die Kurve fällt leicht / expotentiell / stark ab.
Die Kurve verläuft flach / steil.
Eine dramatische / extreme Entwicklung zeigt sich …
Es gibt eine Zunahme / einen Anstieg / eine Abnahme / einen
    Rückgang von … auf / um …
… geht um … zurück / sinkt um …
… hat sich gegenüber … erhöht / reduziert.
Im / Ab dem Jahr … ist folgende Entwicklung zu verzeichnen: …
Im Jahr / Monat … liegt der Prozentsatz bei …
Im Jahr / Monat … macht … einen Sprung.
Während sich … entwickelt, sieht die Entwicklung bei … aus.

_____

_____

_____

_____

9.3 Säulen- bzw. Balkendiagramm

Als Erstes / Zweites / Drittes / … ist wichtig / bedeutend /
    entscheidend …, denn …
Am meisten / wenigsten Wert legen die Befragten auf …
Am wichtigsten / zweitwichtigsten / weniger wichtig / unwichtig /
    am unwichtigsten ist …
(Annähernd) gleich stark vertreten sind die Aspekte / Punkte …
Circa / Etwa / Fast / Über / Knapp … % der Befragten empfinden …
    als wichtig / unwichtig.
Den ersten / zweiten / … Platz / Rang belegt …
Den letzten / vorletzten / … Platz / Rang nimmt … ein.
Der Anteil von … an der Gesamtbewertung beträgt … %.
Die Anzahl / Die Zahl / Der Anteil / Der Prozentsatz
    beträgt / liegt bei / beläuft sich auf …
Die Mehrheit / Die Hälfte / Ein Drittel /
    Ein Viertel wünscht sich / möchte …
Die zwei / drei / … wichtigsten Kriterien sind …
Direkt danach kommt …, gefolgt von …
Etwas mehr / Etwas weniger als … % denken …

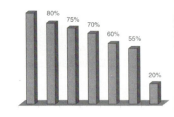

Fast alle / Die meisten / Drei Viertel / Zwei Drittel wünschen
   sich / möchten …
Für … % steht … an erster / zweiter Stelle / im Vordergrund.
Für … von je 100 Befragten ist …
… hat große Bedeutung / verliert an Bedeutung.
… % legen (keinen) Wert auf …
Nach … folgt als zweitwichtigster Punkt …
Spitzenreiter ist …, gefolgt von …
Über die Hälfte / Knapp ein Drittel / Circa ein Viertel / Ungefähr
   ein Fünftel / Etwa ein Sechstel / … der Befragten legt darauf
   Wert / empfindet es als wichtig, dass …
Während für … % der Befragten … von Bedeutung ist, stehen /
   steht (dagegen) bei … % der Befragten … im Vordergrund.
Wenige / Einige / … % finden …
… wurde in … % der Fälle angesprochen / genannt.

_____

_____

_____

_____

9.4   Kreislauf beschreiben

Am Ende steht …
Danach beginnt … wieder.
Den Ausgangspunkt des / der / von … sehen Sie hier: …
Die erste / zweite / dritte / nächste Station von … ist …
Die letzte Station ist …
Die Pfeile in Orange / Grau / … zeigen …
In dieser Grafik ist der Gesamtablauf dargestellt.
In diesem Schaubild sind die wichtigsten Beteiligten / die einzelnen
   Prozesse in ihrem Zusammenhang dargestellt.

_____

_____

_____

_____

9.5 Schaubilder / Grafiken auswerten und interpretieren

Angesichts dieser Entwicklung liegt die Schlussfolgerung nahe, dass …

Anhand des Schaubilds / der Grafik lässt sich zeigen / dokumentieren, dass …

Aus dem Schaubild / der Grafik geht hervor, dass …

Aus diesen Informationen kann man schlussfolgern, dass …

Aus … ergibt sich, dass …

Das Schaubild / Die Grafik untermauert / stützt die These, dass …

Dem Schaubild / Diesen Angaben ist zu entnehmen, dass…

Die allgemeine Tendenz zeigt / macht deutlich, dass …

Die Hauptaussage des Schaubilds / der Grafik ist …

Diese Entwicklung ist auf … zurückzuführen.

Die wichtigsten Kriterien der Befragung sind …, für mich / uns hingegen / dagegen sind es …

Eine mögliche Ursache dafür ist / liegt darin, dass …

Es ist zu beobachten / ist auffällig / zeigt sich, dass …

Für diese Tendenz ist / sind … verantwortlich.

Für mich ist … nicht besonders wichtig, aber … spielt eine sehr große Rolle.

In der Grafik / Im Schaubild steht, dass …, ich jedoch lege mehr Wert auf …

… macht immerhin noch … % aus.

Man kann die Tendenz erkennen, dass …

Nach meiner Ansicht / Meinung ergibt sich daraus / wird daraus ersichtlich, dass…

Vergleicht man die Zahlen / den Stand von … mit …, dann zeigt sich, dass …

Während in der Grafik / bei uns … an erster / zweiter / … Stelle steht, …

Wie in / Anders als in der Grafik spielt für mich … eine große Rolle.

10 Erörterung

10.1 Thema einleiten

Angesichts dieser Situation stellt sich die (dringende) Frage, …
Bei … handelt es sich um ein Thema, dass …
Das Thema … ist von besonderem / allgemeinem Interesse, weil …
Diese kurze Beschreibung der heutigen Situation führt zu der
   Frage, …
Dieses Thema betrifft uns alle, denn …
… ist ein Thema, dass immer wieder kontrovers diskutiert wird.
Mit dem Thema … müssen wir uns alle mehr oder weniger direkt
   auseinandersetzen, weil …

_____

_____

_____

_____

10.2 Vergleichen

Auf beide trifft zu, dass …
Bei … spielt … eine wesentlich größere Rolle.
Bei … liegt ein großer Unterschied vor.
Betrachtet man die Entwicklung der aufgeführten …, dann …
Bezüglich … unterscheiden … sich (klar) voneinander.
Dieser Aspekt lässt sich gut vergleichen.
Es gilt für beide, dass …
Hier / Bei … gibt es etwas Vergleichbares: …
Hinsichtlich des / der … ähneln sie sich (sehr).
Im Vergleich / Unterschied / Gegensatz zu … / dazu sieht die
   Entwicklung der / des … folgendermaßen aus: …

In diesem Punkt sind sie sich ähnlich.
… ist bei beiden gleich / sehr ähnlich / vergleichbar.
… ist bei … ganz anders.
… scheint für beide von Relevanz zu sein.
Stellt man beide gegenüber, so …
… stellt sich das ganz anders dar.
Vergleicht man die Entwicklung …, dann sieht man, dass …
Verglichen mit der Situation …, …
Während das bei … so ist, verhält es sich bei … ganz anders.
Wenn man hingegen … betrachtet, dann lässt sich feststellen, …
Wenn man … mit … vergleicht, so wird deutlich / zeigt sich / lässt
sich feststellen, dass …

_____

_____

_____

_____

10.3 Schlussfolgern

Abschließend / Alles in allem / Zusammenfassend lässt sich sagen /
zeigt sich, dass …
Am stichhaltigsten finde ich / ist für mich: …
Auch wenn es auf den ersten Blick überraschend scheint, ist für
mich … die beste Entscheidung / Lösung / Wahl.
Auch wenn vieles dafür / dagegen spricht, halte ich (persönlich) …
Betrachtet man die (heutige) Situation / Lage / Entwicklung, lässt
sich sagen, dass …
Betrachtet man die Argumente und die Kräfteverhältnisse, muss
man zum Schluss kommen, dass …
Daraus ergibt sich / Dies hat zur Folge, dass …
Diese Sicht hat folgende Nachteile / Vorteile: …
Eine einheitliche Meinung lässt sich nicht wiedergeben, da …
Hieraus ergibt sich die Möglichkeit, dass …
Hieraus ergeben sich folgende Konsequenzen: …
Meine Bewertung / Mein (persönliches) Fazit sieht wie folgt aus: …
Mir scheint in diesem Fall … am geeignetsten.
So können wir (nur) hoffen, dass …

Um abschließend zur Ausgangsfrage zurückzukommen: …
Wägt man das Für und Wider ab, so kommt man zu dem Ergebnis,
dass …
Wie Sie meiner Argumentation entnehmen konnten, bin ich
für / gegen …
Zum Schluss / Abschließend möchte ich sagen / anführen, dass …

_____

_____

_____

_____

11 **Zusammenfassung**

→ 2.5 Hervorheben
→ 2.7 Beispiele anführen
→ 3.2 Argumente anführen
→ 10 Erörterung

11.1 Einleitung

Bei dem Text handelt es sich um … aus dem Jahr …
Der Text ist ein Auszug aus …
Der Autor / Die Autorin beschäftigt / befasst sich mit dem Thema …
Der Artikel / Text behandelt / erörtert folgendes Problem / Thema: …
Der Artikel / Text beschreibt / handelt von …
Der Artikel / Text ist wie folgt aufgebaut: …
Der Artikel / Text umfasst zwei / drei / … Abschnitte.
Im Artikel / Text geht es um das Thema …

_____

_____

_____

_____

11.2 Wesentliche Informationen strukturiert darstellen

Die Hauptaussage / zentrale Aussage des Textes ist: …
Im Mittelpunkt / Im Zentrum steht …
Zunächst wird … dargestellt, dann folgt eine Beschreibung
   der / des …
Der Autor / Die Autorin beschreibt / folgert / führt an / schildert /
   verweist auf …
Der Autor / Die Autorin erläutert / erörtert / stellt dar / legt
   dar / demonstriert, dass …
Der Autor / Die Autorin charakterisiert … als …
Als charakteristisch / typisch für … bezeichnet der Autor / die
   Autorin …
Der Autor / Die Autorin definiert den Begriff …
Der Autor / Die Autorin hebt besonders hervor, dass …
Der Autor / Die Autorin nennt folgende Merkmale /
   Voraussetzungen / Argumente: …
Der Autor / Die Autorin setzt sich zunächst mit … auseinander.
Der Autor / Die Autorin vertritt die These, dass …
Seine / Ihre Haltung zu… / Einstellung gegenüber… / Meinung
   über… spiegelt sich in …
Die Intention des Autors / der Autorin / des Textes ist …
Der Autor / Die Autorin möchte erreichen, dass …
Der Autor / Die Autorin zieht folgendes Fazit: …
Am Schluss / Zum Schluss / Als Fazit / Abschließend legt der
   Autor / die Autorin dar, dass …

11.3 Beispiele nennen

Als Beispiel dient dem Autor / der Autorin …
Als Beispiel führt der Autor / die Autorin Folgendes an: …
Als Beispiel wird … von ihm / ihr herangezogen.
Am Beispiel von … legt der Autor / die Autorin dar, dass …
Ausgehend vom Beispiel / von den Beispielen … führt der
   Autor / die Autorin vor, dass …
Der Autor / Die Autorin erörtert dies an folgendem Beispiel: …
Der Autor / Die Autorin illustriert / untermauert seine / ihre These
   anhand eines / des folgenden Beispiels: …
Der Autor / Die Autorin verdeutlicht / zeigt dies am Beispiel von …

_____

_____

_____

_____

12 Reklamationsschreiben verfassen

Als Nachweis lege ich die Abbuchungsbelege bei.
Bitte bestätigen Sie den Empfang dieses Schreibens.
Der Rechnungsbetrag von … wurde fristgerecht / gemäß
   Vertragsvereinbarung … abgebucht.
Hiermit möchte ich Sie darauf hinweisen, dass …
Ich ersuche Sie, den Betrag zurückzuerstatten.
Ich widerrufe hiermit (erneut) …
In der Anlage finden Sie …
Leider musste ich jedoch feststellen, dass …

_____

_____

_____

_____

Meine Redemittel

Ihre Mittelpunkt-Trainer!

Wiederholen und vertiefen mit den Mittelpunkt-Zusatzmaterialien

Mittelpunkt Grammatiktrainer
Für einen sicheren Übergang zu B2/C1
Ideal zum Selbstlernen!

- Orientieren sich in Aufbau und Themenwahl an der Referenzgrammatik in **Mittelpunkt**
- Enthalten vertiefende Übungen zur Grammatik, die im Lehrbuch und Arbeitsbuch von **Mittelpunkt** vorkommt
- Wiederholen alle relevanten Grundlagen
- Auch zur Binnendifferenzierung geeignet

Mittelpunkt B2 Grammatiktrainer
(erscheint im 1. Quartal 2009)
978-3-12-676603-6

Mittelpunkt C1 Grammatiktrainer
(erscheint im 3. Quartal 2009)
978-3-12-676613-5

Mittelpunkt B2 Intensivtrainer
Lese- und Hörverstehen
Strategien und vertiefende Übungen

- Enthält Übungen zu längeren und anspruchsvolleren Lese- und Hörtexten von **Mittelpunkt B2**
- Mit Tipps und Strategien zur Arbeit mit längeren, authentischen Texten und zur Wortschatzarbeit
- Für schwächere Lerner können die Übungen auch alternativ zum Lehrbuch eingesetzt werden
- Kann auch unabhängig von **Mittelpunkt** zum Strategietraining verwendet werden
- Inklusive Audio-CD

Mittelpunkt B2 Intensivtrainer
Lese- und Hörverstehen (inkl. Audio-CD)
(erscheint im 1. Quartal 2009)
978-3-12-676604-3

Diese Titel erhalten Sie in Ihrer Buchhandlung oder im Internet unter **www.klett.de**

Weitere Informationen unter: **www.klett.de/mittelpunkt**

Z33759 • iStockphoto/Catherine Lane